Essa Mãozinha Vai Longe
Caligrafia 5
Nova Edição
Ensino Fundamental 1

Thayanne Gabryelle • Vilza Carla

3ª edição
São Paulo, 2021.

Dados Internacionais de Catalogação na Publicação (CIP)
(Câmara Brasileira do Livro, SP, Brasil)

Gabryelle, Thayanne
  Essa mãozinha vai longe : caligrafia 5 : ensino fundamental / Thayanne Gabryelle, Vilza Carla. -- 3. ed. -- São Paulo : Editora do Brasil, 2021.

  ISBN 978-65-5817-454-7 (aluno)
  ISBN 978-65-5817-455-4 (professor)

  1. Caligrafia (Ensino fundamental) I. Carla, Vilza. II. Título.

20-51261   CDD-372.634

Índices para catálogo sistemático:
1. Caligrafia : Ensino fundamental 372.634
Aline Graziele Benitez - Bibliotecária - CRB-1/3129

© Editora do Brasil S.A., 2021
Todos os direitos reservados

Direção-geral: Vicente Tortamano Avanso

Direção editorial: Felipe Ramos Poletti
Gerência editorial: Erika Caldin
Supervisão de arte: Andrea Melo
Supervisão de editoração: Abdonildo José de Lima Santos
Supervisão de revisão: Dora Helena Feres
Supervisão de iconografia: Léo Burgos
Supervisão de digital: Ethel Shuña Queiroz
Supervisão de controle de processos editoriais: Roseli Said
Supervisão de direitos autorais: Marilisa Bertolone Mendes

Supervisão editorial: Júlio Fonseca
Edição: Rogério Cantelli
Assistência editorial: Patrícia Harumi
Especialista em copidesque e revisão: Elaine Silva
Copidesque: Gisélia Costa, Ricardo Liberal e Sylmara Beletti
Revisão: Andréia Andrade, Amanda Cabral, Fernanda Almeida, Fernanda Sanchez, Flávia Gonçalves, Gabriel Ornelas, Jonathan Busato, Mariana Paixão, Martin Gonçalves e Rosani Andreani
Pesquisa iconográfica: Isabela Meneses e Lucas Alves
Assistência de arte: Leticia Santos e Lívia Danielli
Design gráfico: Talita Lima e Gabriela César
Capa: Talita Lima
Edição de arte: Andrea Melo e Samira Souza
Imagem de capa: Claudia Marianno
Ilustrações: Bruna Ishihara, Carolina Sartório, Camila de Godoy, Danillo Souza, Reinaldo Rosa, Saulo Nunes e Waldomiro Neto
Produção cartográfica: DAE (Departamento de Arte e Editoração)
Editoração eletrônica: NPublic/Formato Editoração
Licenciamentos de textos: Cinthya Utiyama, Jennifer Xavier, Paula Harue Tozaki e Renata Garbellini
Produção fonográfica: Cinthya Utiyama e Jennifer Xavier
Controle de processos editoriais: Bruna Alves, Carlos Nunes, Rita Poliane, Terezinha de Fátima Oliveira e Valeria Alves

3ª edição / 3ª impressão, 2024
Impresso na Hawaii Gráfica

Editora do Brasil
Avenida das Nações Unidas, 12901
Torre Oeste, 20º andar
São Paulo, SP – CEP: 04578-910
Fone: +55 11 3226-0211
www.editoradobrasil.com.br

Sua mãozinha vai longe

Ó mãozinhas buliçosas!
Não me dão sossego ou paz,
Volta-e-meia elas aprontam
Uma reinação: zás-trás. [...]

Mas se chegam carinhosas
Quando querem me agradar
— Que delícia de mãozinhas!
Já não posso me zangar...

Não resisto às covinhas,
À fofura, à maciez
Das mãozinhas buliçosas:
Me derreto duma vez!

Tatiana Belinky. *Cinco trovinhas para duas mãozinhas.* São Paulo: Editora do Brasil, 2008. p. 4, 12.

Ilustrações: Carolina Sartório

Currículos

Thayanne Gabryelle*

- Licenciada em Pedagogia.
- Especializada em Pedagogia aplicada à Música, Harmonia e Morfologia.
- Professora do Ensino Fundamental das redes particular e pública de ensino por vários anos.
- Professora de curso de formação de professores de 1º grau.
- Autora de livros didáticos na área de Educação Infantil e Ensino Fundamental.

*A autora Celme Farias Medeiros utiliza o pseudônimo Thayanne Gabryelle em homenagem a sua neta.

Vilza Carla

- Graduada em Pedagogia com habilitação em Orientação Educacional.
- Pós-graduada em Psicopedagogia.
- Autora da Coleção Tic-Tac – É Tempo de Aprender, de Educação Infantil, da Editora do Brasil.
- Vários anos de experiência como professora de crianças em escolas das redes particular e pública, nas áreas de Educação Infantil e Ensino Fundamental.

Quem tem asas

Passarinhos
São os mais coloridos
Dos anjinhos.

Passarinhos
São crianças.

Enquanto eles voam
Porque são o que são,
Elas podem voar
Com as asas
Da imaginação.

Lalau. *Zum-zum-zum e outras poesias*.
São Paulo: Companhia das Letrinhas, 2007. p. 8.

Este livro é de

_____

Ilustrações: Carolina Sartório

Sumário

Coordenação visomotora 7-8

Alfabeto 9

Sílaba 10

Palavras
- monossílabas 11
- dissílabas 12
- trissílabas 13
- polissílabas 14-15

Encontro vocálico 17
- Ditongo 18
- Hiato 19
- Tritongo 20-21

Encontro consonantal 23-24

Dígrafo 25-26

Notações léxicas 27-35

Sílaba tônica 37
- Oxítona 38
- Paroxítona 39
- Proparoxítona 40
- Sílabas átonas 41

Pontuação 42-44

Frase 46-51

Substantivo 53
- Substantivos próprios e comuns 54
- Substantivos primitivos e derivados 55-57
- Substantivos concretos e abstratos 58
- Substantivos simples e compostos 59
- Substantivos coletivos 60

Gênero do substantivo 61-67

Número do substantivo 69-70

Grau do substantivo 71-73

Adjetivos 74-77

Grau do adjetivo 79-82

Pronomes 84-87

Verbo 88-93

Advérbio 95-97

Interjeição 99-100

Oração 102-105

Treinos ortográficos
- **s** ou **ss** 16
- **x** ou **ch** 22
- Emprego de **ça, ce, ci, ço, çu** 36
- **s** ou **z** 45
- Sons do **x** 52
- Emprego de **esa** 68
- Emprego de **eza** 78
- Emprego de **oso** e **osa** 83
- Emprego dos sufixos **ando, endo, indo** 94
- Emprego de **al, el, il, ol, ul** 98
- Emprego de **ga, gue, gui, go, gu** 101

Para ler e escrever 106-109

Treinando a Língua Inglesa 110-128

Coordenação visomotora

- Cubra e leia a parlenda. Depois, desvende o caminho no labirinto da coruja iniciando pela seta e terminando no ponto.

Jacaré com catapora
Toma suco de amora.
A coruja Dona Aurora
Voa, voa sem demora.

Parlenda.

Camila de Godoy

- Observe a cena com atenção. Encontre e marque um **X** nas imagens que aparecem dentro do retângulo. Depois, pinte a cena.

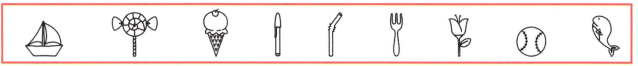

Alfabeto

> As letras que representam os fonemas (sons) da língua portuguesa formam o **alfabeto**.
> No alfabeto, as letras obedecem a uma ordem: a **ordem alfabética**.

- Trace uma linha seguindo a ordem alfabética. Comece pela seta e termine no ponto. Depois, escreva com letra cursiva o alfabeto maiúsculo nas pautas.

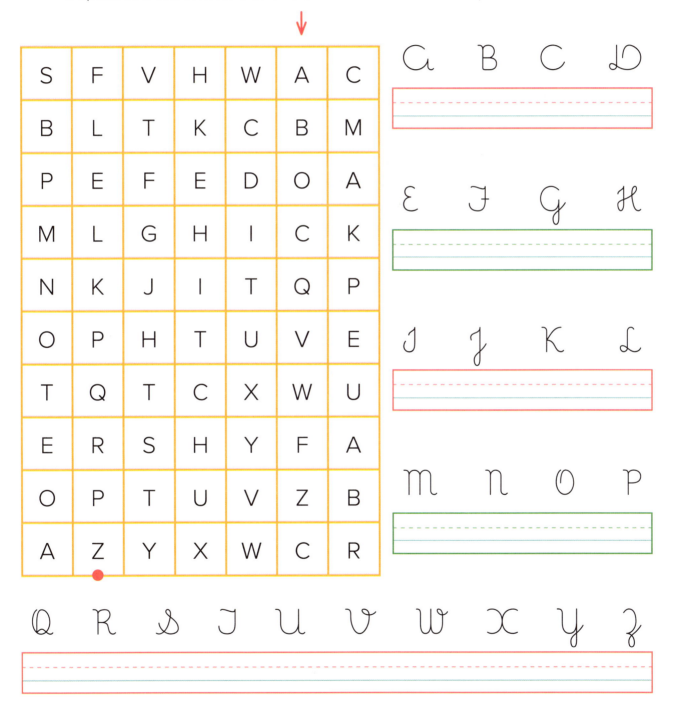

Sílaba

> A **sílaba** é um fonema ou um conjunto de fonemas pronunciados em uma só emissão de voz.

- Ordene as sílabas dos balões, formando palavras.

- Siga o modelo.

palavra				nº
anel	a	nel		2
viola				
sapato				
uva				

Palavras monossílabas

> As palavras **monossílabas** são formadas por uma sílaba somente.

- Em cada grupo de palavras abaixo, uma não é monossílaba. Faça um **X** nela e escreva nas pautas as que são monossílabas.

dó / lã / lu-a / nós / lar

di-a / pá / pão / som / mar

bar / pi-a / fim / trem / pé

fé / a-mo / chá / pó / rã

mês / cor / mel / e-ma / gás

flor / luz / Sol / ti-o / chão

bem / vo-o / não / ar / sim

Palavras dissílabas

> As palavras **dissílabas** são formadas por duas sílabas.

- Escreva nas pautas somente os sabores de sorvete com duas sílabas.

creme, melão, uva, flocos, coco, morango, nata, limão, chocolate, abacaxi

Sabores de sorvetes

- Pesquise em revistas e jornais outras palavras dissílabas e escreva-as a seguir.

Palavras trissílabas

> As palavras **trissílabas** são formadas por três sílabas.

- Encontre no diagrama e pinte, com cores diferentes, as palavras trissílabas a seguir.

- pi-co-lé
- pi-men-ta
- la-ran-ja
- mo-ran-go

- pi-po-ca
- sor-ve-te
- ge-la-do
- cas-qui-nha

mi	ran	lo	ca	po	cas	qui	nha	te	lé
la	bu	mon	do	le	ca	go	pi	mo	cla
ran	lé	re	pi	men	ta	nha	bo	ran	ja
ja	da	cas	po	ra	de	ge	té	go	pa
me	nho	qui	sa	bo	te	la	ja	ran	de
sor	ve	te	ca	sa	qui	do	ran	nhe	pi
		pi	co	lé	nho	cla			po
		nhe	ge	mon	en	sor			ca
		pa	men	la	li	pi	po	de	ge

Palavras polissílabas

> As palavras **polissílabas** são formadas por quatro sílabas ou mais.

• Escreva o nome dos animais utilizando quatro ou mais sílabas de cada grupo.

ri - no - hi - ce - ron - rin - te

ca - pe - pi - re - sa - re - pa

lon - pre - ni - go - gu - per

le - bor - te - bo - bar - ta

fan - te - he - e - la - le - ti

- Cubra o texto e pinte as palavras sublinhadas de acordo com a legenda.

monossílabas 🔵
dissílabas 🔴
trissílabas 🟡
polissílabas 🟢

Macarronada

Macarrão, macarronada,
 nada
De tão bom, na panela,
 nela
A fome se consome,
 some
E depois se transforma,
 forma
Macarrão, macarronada.

Sérgio Capparelli. *111 poemas para crianças*. 25. ed. Porto Alegre: L&PM, 2017. p. 24.

Treino ortográfico

s ou ss

- Encontre a palavra grafada incorretamente em cada grupo e marque-a com um X. Depois, escreva na pauta a palavra marcada corrigindo-a.

assobio loussa coisa tosse	aplauso carrossel roseira bessouro
asinar mesada poesia piso	casa salsicha pásaro assado
sucesso passarela pesoa tosse	passeio pulsseira pêssego massa

16

Encontro vocálico

> Duas ou mais vogais juntas em uma palavra formam um **encontro vocálico**.

- Leia o texto, circule as palavras com encontro vocálico e escreva-as nas pautas.

Jabiru

A tarde no Pantanal
é feita de seda azul.
Fios de luz e silêncio
bordam um fino cenário
pro ninho do tuiuiú.

Da palmeira a ave espia
lá embaixo o rio gigante
que leva no seu remanso
o sonho do pantaneiro,
boiadeiro e viajante.

Neusa Sorrenti. *Pintando poesia*. 2. ed. Belo Horizonte: Autêntica, 2011. p. 19.

Ditongo

O encontro de duas vogais em uma mesma sílaba denomina-se **ditongo**.

• Leia a parlenda e circule as palavras com ditongo. Depois, escreva-as nas pautas separando as sílabas delas.

O macaco foi à feira
não tinha o que comprar.
Comprou uma cadeira
pra comadre se sentar.
A comadre se sentou,
a cadeira esborrachou.
Coitada da comadre,
Foi parar no corredor.

Parlenda.

Hiato

> O encontro de duas vogais pertencentes a sílabas diferentes é um **hiato**.

- Copie as palavras juntando as sílabas e escreva os hiatos nos quadradinhos.

cri-an-ça

bo-a-to

ba-ú

co-ro-a

sa-bi-á

te-a-tro

- Separe as sílabas das palavras e escreva os hiatos nos quadradinhos.

ruído

viola

toalha

poema

piano

coelho

Tritongo

> O encontro de três vogais pronunciáveis na mesma sílaba recebe o nome de **tritongo**.

- Circule as palavras com tritongo no diagrama. Depois, escreva-as nas pautas e sublinhe os tritongos.

r	a	g	i	x	o	i	s	e	p
b	s	a	g	u	ã	o	f	m	q
l	ã	r	u	b	i	a	r	x	u
e	s	p	a	q	u	v	l	h	a
x	a	z	i	s	s	e	m	s	i
d	p	e	s	l	e	r	p	l	s
q	u	e	u	ã	o	i	q	ã	q
r	a	e	m	x	a	g	u	o	u
f	e	l	l	s	g	u	a	q	e
q	u	ã	o	c	r	e	s	u	r
p	o	g	u	a	j	i	f	e	s

20

- Leve a menina até a estante de livros pintando as duas trilhas em que há um **hiato**, um **ditongo** e um **tritongo**, respectivamente. Depois, escreva nas pautas as palavras pintadas.

a) coelho - moeda - biscoito
b) teatro - ouro - desiguais
c) coroa - saguão - língua
d) viúva - botão - enxaguou

- Agora, leve o menino até o carrinho pintando as trilhas que apresentam um **ditongo**, um **tritongo** e outro **ditongo**, respectivamente. Depois, escreva nas pautas as palavras pintadas.

a) ameixa - saguão - cenoura
b) céu - Uruguai - toalha
c) iguaizinhos - viola - pai
d) besouro - Paraguai - mãe

Treino ortográfico

x ou ch

- Observe as imagens e complete o diagrama.

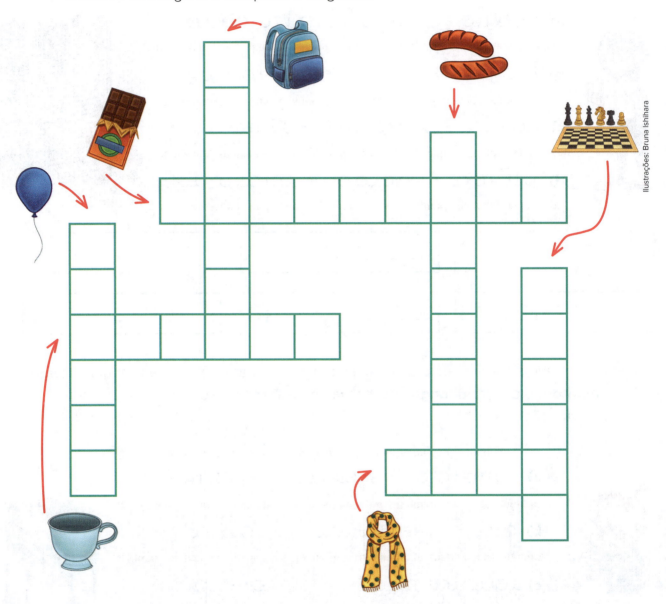

- Procure no dicionário o significado das palavras a seguir.

Coxo: _____

Cocho: _____

Taxa: _____

Tacha: _____

Encontro consonantal

> É o encontro de duas consoantes que conservam os respectivos fonemas. Elas podem estar na mesma sílaba ou em sílabas diferentes.

- Descubra no diagrama nomes de crianças com encontro consonantal e escreva-os com letra cursiva nas pautas. A primeira já foi encontrada.

P	W	i	P	e	d	r	o	F	P
a	e	K	a	r	r	á	s	r	a
F	s	G	b	G	u	i	l	a	t
r	g	a	l	S	v	L	n	d	r
i	l	b	o	ó	r	u	R	C	í
d	c	C	l	a	r	a	o	l	c
a	r	C	í	B	e	i	g	ó	i
D	a	n	f	r	r	l	a	b	a

Glória

- Escreva as palavras nas pautas de acordo com cada etiqueta.

advogada • helicóptero • cacto
psicólogo • objeto • pneu • subsolo
ritmo • advérbio • raptar • pacto
psiquiatra • subjetivar • hipnose
absurdo • atmosfera

ct   dv   pt

ps   pn   bj

tm   bs

24

Dígrafo

> **Dígrafo** é a união de duas letras que representam um só fonema (som).

- Leia os provérbios e circule os dígrafos que aparecem nas palavras. Depois, escreva os provérbios nas pautas.

Quem com ferro fere, com ferro será ferido.

Quem tem pressa come cru.

Em boca fechada não entra mosquito.

Quem planta, colhe.

O peixe morre pela boca.

Se cair, do chão não passa.

- Ligue cada dígrafo à palavra que o contém e cubra as palavras. Depois, separe as sílabas delas.

ch	★ galho
lh	★ galinha
nh	★ carro
rr	★ chapéu
ss	★ piscina
sç	★ desça
sc	★ classe
xc	★ máquina
qu	★ dengue
gu	★ exceção
am	★ onça
on	★ empada
en	★ anta
em	★ dente

26

Notações léxicas

Alguns sinais gráficos auxiliam a escrita. Esses sinais são chamados **notações léxicas**.

- Complete as frases com os nomes dos sinais gráficos a que se referem. Depois, escreva-as nas pautas.

◌́ Sou usado sobre as vogais a, e, o para indicar som aberto. Sou o _____.

◌̀ Sou usado sobre a vogal a para indicar a junção da preposição a com o artigo a. Sou o _____.

◌̂ Sou usado sobre as vogais a, e, o para indicar som fechado. Sou o _____.

27

[~] Sou usado sobre as vogais **a** e **o** para indicar som nasal. Sou o _____.

[¸] Sou usada na letra **c** para lhe dar o som de **s**. Sou a _____.

['] Indico a supressão de letras ou sons em uma palavra. Sou o _____.

[-] Sou usado para separar as sílabas, ligar o pronome ao verbo e nas palavras compostas. Sou o _____.

28

- Com uma caneta, cubra o texto com capricho e coloque os acentos que faltam nas palavras.

Paz em casa

O irmão berrou com a irmã:
Ainda não tenho asa!

A irmã retrucou:
É que você sempre se atrasa!

A mãe choramingou:
Esta bagunça me arrasa!

E o pai apaziguou:
Quero paz dentro de casa!
Deixem logo de brigar

Carolina Sartório

E venham pra piscina rasa,
Esfriar os ânimos
E acabar com esta brasa.

César Obeid; Jonas Ribeiro. *Poesias para a paz.*
São Paulo: Editora do Brasil, 2016. p. 24.

- Complete as expressões a seguir usando **à** ou **às**. Depois, leia-as e converse com os colegas e o professor sobre o significado de cada uma.

☐	direita	☐	duas horas
☐	esquerda	☐	vezes
☐	meia-luz	☐	vontade
☐	deriva	☐	toa
☐	pressas	☐	escondidas
☐	avessas	☐	meia-noite

- Escolha duas expressões acima e forme frases nas pautas a seguir.

à

às

- Escreva a adivinha nas pautas e, depois, responda-a oralmente.

O que é, o que é?

Está no limão,
No pão e na mão,
Na maçã do meu irmão.
E no pé?
Ah, no pé não.

Adivinha desenvolvida especialmente para esta obra.

- Consulte um dicionário e verifique qual sinal falta em cada palavra a seguir. Depois, complete-as com ele.

pessego	maquina	oculos	chao
aguia	tenis	balao	mes
serie	ra	trico	tres

- Coloque o apóstrofo nas palavras a seguir e escreva-as nas pautas.

frango-d'água

caixa-d'água

copo-d'água

pau-d'alho

cobra-d'água

pau-d'arco

galinha-d'angola

olho-d'água

estrela-d'alva

mãe-d'água

- Escolha duas palavras da atividade anterior e forme uma frase com cada uma.

- Use o hífen e escreva corretamente nas pautas o nome dos animais a seguir.

bem te vi

arara azul

cavalo marinho

peixe boi

vaga lume

bicho da seda

tatu bola

tié fogo

beija flor

onça pintada

bicho pau

borboleta azul

- Assinale os dois grupos em que as palavras apresentam acento circunflexo, agudo, til e cedilha, respectivamente. Depois, escreva nas pautas as palavras dos grupos assinalados.

a) estômago / armário / pião / braço ☐

b) caderno / túnel / barco / língua ☐

c) tênis / café / macarrão / onça ☐

- Agora, assinale o grupo em que as palavras apresentam hífen, apóstrofo e acento agudo, respectivamente. Depois, escreva na pauta as palavras desse grupo.

a) cata-vento / copo-d'água / pêssego ☐

b) algodão-doce / Sant'Ana / lápis ☐

c) roda-gigante / feijão / relógio ☐

- Encontre no diagrama palavras com sinais gráficos diversos e escreva-as no grupo correto.

a	p	a	u	-	d'	a	l	h	o
m	s	ô	r	r	b	á	c	v	a
u	t	j	-	l	e	n	ç	o	l
l	r	m	á	x	i	ç	o	v	b
t	e	p	e	s	j	a	-	ô	ç
i	b	h	a	b	a	m	h	ã	á
d	c	s	p	a	-	d'	m	h	ô
ã	-	c	l	ç	f	h	á	l	m
o	d'	l	t	m	l	ç	ã	o	i
l	a	ç	-	b	o	m	é	v	d
r	l	o	u	t	r	b	ç	o	u

| acento agudo | acento circunflexo | til |

| hífen | apóstrofo | cedilha |

Treino ortográfico

Emprego de ça, ce, ci, ço, çu

- Pinte as palavras da tabela de acordo com as cores indicadas na legenda.

com ç   com c

caçula	farmácia	notícia	bagunça
acidente	receita	endereço	cobiça
doçura	miçanga	bacia	ciranda
caroço	cenoura	açaí	sincero
capacete	açougue	polícia	doença

- Agora, escreva as palavras da tabela nas pautas correspondentes.

c

ç

36

Sílaba tônica

> A sílaba mais forte da palavra é a **sílaba tônica**.

- Leia a estrofe e sublinhe a sílaba tônica de cada palavra destacada. Depois, copie-a na pauta.

Onde foi que vi?

Vi um **gafanhoto** na **horta**

e um **gorgulho** no **feijão**.

Já o **grilo** onde **está**?

Fica aqui a **indagação**.

Texto escrito especialmente para esta obra.

Oxítona

Quando a sílaba tônica é a **última** sílaba da palavra, chamamos a palavra de **oxítona**.

- Cubra as palavras oxítonas e separe as sílabas nos quadrinhos, observando o modelo. Depois, transcreva-as nas pautas.

guaraná | gua | ra | ná | guaraná

picolé

armazém

paletó

chaminé

sabiá

café

coração

cafuné

Paroxítona

Quando a sílaba tônica é a **penúltima** sílaba da palavra, chamamos a palavra de **paroxítona**.

- Junte as sílabas das palavras paroxítonas e escreva-as nas pautas. Depois, escreva as sílabas tônicas nos quadrinhos.

tê-nis

á-gua

ca-bi-de

pe-te-ca

ba-na-na

ví-rus

me-ni-no

fe-li-ci-da-de

a-mi-za-de

con-vi-da-do

Proparoxítona

> Quando a sílaba tônica é a **antepenúltima** sílaba da palavra, chamamos a palavra de **proparoxítona**.

- Leia o texto e fale-o rapidinho, sem errar. Circule as palavras proparoxítonas e, depois, copie-o nas pautas.

A dúvida da libélula acadêmica ficou: pode a gramática participar da matemática?

Texto escrito especialmente para esta obra.

- Escreva as sílabas das palavras nas bolinhas e observe a sílaba tônica em destaque.

cômoda

máquina

estômago

plástico

paralelepípedo

40

Sílabas átonas

Sílabas átonas são as que apresentam **menor intensidade** em uma palavra.

- Circule a sílaba tônica e sublinhe as átonas de cada palavra. Depois, classifique a palavra quanto à posição da sílaba tônica e marque uma ● nos grupos que apresentam a sequência indicada.

oxítona - paroxítona - proparoxítona

a) abacaxi / rápido / bolso

b) luar / cabelo / sábado

c) jacaré / mesa / relâmpago

d) rato / dúvida / fôlego

e) dominó / saúde / página

f) sucuri / enrolado / patético

Pontuação

> A **pontuação** é o emprego de sinais gráficos que auxiliam na compreensão da leitura.

- Complete as frases com o nome dos sinais de pontuação a que se referem. Depois, escreva-as nas pautas.

, Indico uma pequena pausa na leitura. Sou a _____.

... Indicamos um pensamento interrompido. Somos as _____.

; Indico uma pausa maior que a vírgula. Sou o _____.

[—] Sou usado no início dos diálogos. Sou o _____.

[" "] Destacamos frases ou palavras. Somos as _____.

[?] Sou usado para fazer perguntas. Sou o _____.

[!] Indico surpresa, admiração, espanto e outros sentimentos. Sou o _____.

: Somos usados antes de uma explicação, enumeração ou fala de personagens. Somos os _____.

( ) Somos usados para separar frases, destacar datas, entre outros. Somos os _____.

- Leia o poema e observe os sinais de pontuação. Circule-os e escreva o nome deles nas pautas.

Aroma de inverno

"Sopa de pinhão!"
Gritou o cozinheiro;
Logo pensei baixinho:
Mas que bom cheiro!

Texto escrito especialmente para esta obra.

Treino ortográfico

S ou Z

- Escreva na coluna correta as palavras que serão ditadas pelo professor.

Frase

> **Frase** é todo enunciado de sentido completo. Pode ser constituída de uma ou várias palavras.

- Desembaralhe as palavras e forme frases. Não se esqueça de colocar o ponto final.

| é | mais | o | menino | Gaspar | feliz. |

| curió | O | desabrochar. | a | flor | viu |

| um | tem | brincalhão. | João | gato |

| é | nome | o | Nestor | pintor. | do |

| verão. | o | desde | pracinha | a | mudou |

Tipos de frase

Cada frase transmite um tipo de informação. Ela pode ser **afirmativa**, **negativa**, **interrogativa**, **exclamativa** ou **imperativa**.
A frase **afirmativa** comunica uma afirmação.
A frase **negativa** comunica uma negação.

- Crie frases para cada cena seguindo as indicações.

- frase afirmativa
- frase negativa

- frase afirmativa
- frase negativa

- frase afirmativa
- frase negativa

- frase afirmativa
- frase negativa

> A **frase interrogativa** expressa uma pergunta e é caracterizada pelo ponto de interrogação.

- Leia a parlenda e sublinhe as frases interrogativas que aparecem nela. Depois, com letra cursiva, escreva-as nas pautas.

Cadê o toicinho daqui?
O gato comeu.
Cadê o gato?
Foi pro mato.
Cadê o mato?
O fogo queimou.
Cadê o fogo?
A água apagou.
Cadê a água?
O boi bebeu.
Cadê o boi?
Foi puxar trigo.
Cadê o trigo?
A galinha comeu.

Parlenda.

A **frase exclamativa** expressa um sentimento (como alegria, dor, medo, surpresa, admiração) e é caracterizada pelo ponto de exclamação.

- Escreva uma frase exclamativa para cada imagem. Não se esqueça de colocar o ponto de exclamação no final.

> A **frase imperativa** expressa conselho, ordem ou pedido. Pode ser afirmativa ou negativa.

- Leia as frases imperativas e escreva-as com capricho nas pautas. Depois, indique nas linhas o que cada uma comunica: conselho, ordem ou pedido.

Venha aqui agora!

Por favor, venha aqui.

Não falte mais.

Tenha um pouco mais de paciência.

Por favor, pegue essa cadeira para mim!

- Leia as frases com atenção e complete as definições.

A senhora quer ajuda? `?`

Esse é o ponto _____.

Ele indica uma _____.

Por isso, essa frase é _____.

Que gostosura! `!`

Esse é o ponto _____.

Nessa frase, ele indica uma _____.

Por isso, essa frase é _____.

Eu uso óculos. `.`

Esse é o ponto _____.

Nessa frase, ele indica uma _____.

Por isso, essa frase é _____.

Treino ortográfico

Sons do x

- Classifique as palavras de acordo com o som do **x**.

> exigir • peixe • texto • exemplo
> táxi • complexo • exame • exagerado
> xale • rouxinol • axila • xampu
> próximo • durex • explorar

x com som de s	x com som de ch	x com som de cs	x com som de z

- Nas palavras a seguir, o **x** tem diferentes sons. Especifique, ao lado de cada palavra, que som é esse.

abacaxi ☐   êxito ☐

maxilar ☐   excelente ☐

crucifixo ☐   mexer ☐

máximo ☐   exército ☐

52

Substantivo

> As palavras que nomeiam pessoas, animais, objetos, lugares e seres em geral pertencem à classe dos **substantivos**. Os substantivos podem variar em gênero, número e grau.

- Risque todas as letras **X**, **Y** e **Z** que encontrar no diagrama, descubra nove substantivos e escreva-os nas pautas.

x	z	V	i	t	ó	r	i	a	Y	G
a	b	r	i	e	l	y	x	a	m	o
r	z	B	r	a	X	y	s	i	l	z
y	X	c	a	d	e	i	r	a	z	x
z	s	a	u	d	a	d	e	y	c	a
c	h	o	r	r	o	x	y	X	Y	z
X	Y	c	a	b	e	x	y	l	o	y
z	X	Y	x	y	z	X	Y	f	e	y
X	l	i	c	i	d	x	a	d	e	z

Substantivos próprios e comuns

O **substantivo próprio** indica uma só pessoa ou coisa de uma espécie ou tipo. É sempre escrito com letra maiúscula.

O **substantivo comum** indica todos os seres de uma mesma espécie ou tipo.

 substantivo comum

 substantivo próprio

- No texto, circule de acordo com a legenda os substantivos que estão em destaque.

○ substantivo próprio   ○ substantivo comum

A cantineira da **escola** é só alegria
e conhece os **alunos** por categoria.
Tem o **João**, que só gosta de **pão**.
A **Ana**, cuja **fruta** favorita é banana.
O **André**, que pega **chocolate** e dá no pé.
A **Clarice**, que divide o **lanche** com a **Eunice**.
E o **Ivo**, que na **aula** é bem criativo!

Texto escrito especialmente para esta obra.

Substantivos primitivos e derivados

> O **substantivo primitivo** é aquele que dá origem a outras palavras.
> O **substantivo derivado** é aquele que deriva de outra palavra.

- Escreva dois substantivos derivados para cada substantivo primitivo do quadro.

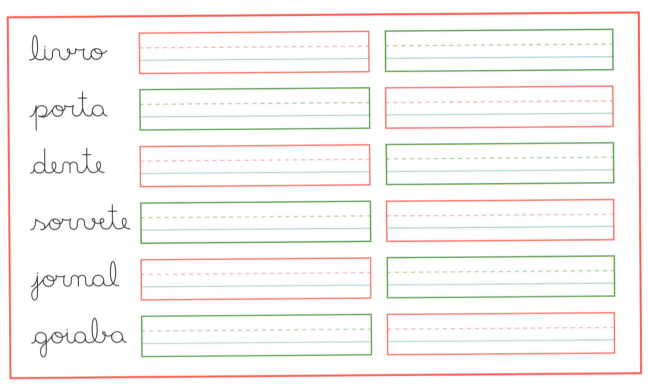

- Assinale as duas alternativas em que todos os substantivos são primitivos. Depois, escreva-os nas pautas.

a) lua / cabelo / lápis / mar ☐

b) prata / maresia / terreno / ferro ☐

c) flor / chave / papel / vidro ☐

- Classifique os substantivos destacados nas frases como **comum primitivo** ou **comum derivado**. Observe o modelo.

a) A <u>laranja</u> é o fruto da <u>laranjeira</u>.

<u>laranja</u> - substantivo comum primitivo

<u>laranjeira</u> - substantivo comum derivado

b) O <u>relojoeiro</u> já consertou meu <u>relógio</u>.

c) Os <u>peixes</u> da <u>peixaria</u> do seu Zé são bons.

d) Tomamos <u>sorvete</u> na <u>sorveteria</u> do Tito.

e) Comprei uma <u>flor</u> na <u>floricultura</u> nova.

f) Fiz uma <u>limonada</u> com o <u>limão</u>.

- Leia os substantivos primitivos e, com a terminação **eiro** ou **ista**, forme substantivos derivados que indicam profissões. Veja o modelo.

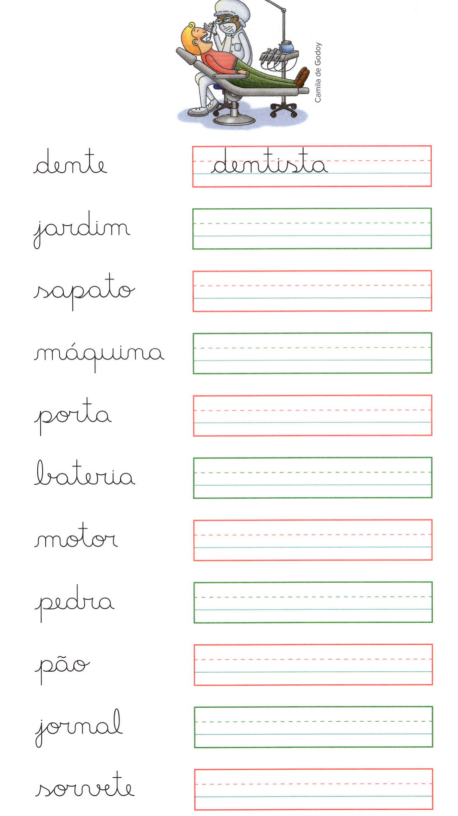

dente — dentista

jardim —

sapato —

máquina —

porta —

bateria —

motor —

pedra —

pão —

jornal —

sorvete —

Substantivos concretos e abstratos

> O **substantivo concreto** refere-se a seres de existência real ou tida como real.
> O **substantivo abstrato** refere-se a sentimentos, qualidades, ações ou estados. Só existem nas pessoas, nas coisas e nos animais.

- Leia as frases e escreva-as com capricho nas pautas. Depois, indique se o substantivo destacado é concreto ou abstrato. Veja o modelo.

Ana demonstrou muita <u>felicidade</u>. ● abstrato ○ concreto

Ana abriu a <u>janela</u>. ○ abstrato ○ concreto

Ana tem muito <u>amor</u> pela avó. ○ abstrato ○ concreto

Ana está com <u>saudade</u>. ○ abstrato ○ concreto

Ana não falou a <u>verdade</u>. ○ abstrato ○ concreto

Ana brincou na <u>calçada</u>. ○ abstrato ○ concreto

Substantivos simples e compostos

> O **substantivo simples** é formado por uma só palavra.
> O **substantivo composto** é formado por duas ou mais palavras.

- Veja o modelo e sublinhe os substantivos **simples** de **verde** e os **compostos** de **azul**. Depois, escreva-os nas pautas. Por fim, marque um **X** nos grupos que seguirem a ordem abaixo.

> simples – simples – composto

a) roupa / guarda-roupa / camisa

b) moleque / pé / pé de moleque

c) beija-flor / flor / couve-flor

d) leite / copo / copo-de-leite

e) sol / guarda / guarda-sol

Substantivos coletivos

> O **substantivo coletivo** é a palavra que, embora esteja no singular, indica um conjunto de pessoas, animais ou coisas.

- Pesquise qual é o substantivo coletivo de cada palavra e escreva-o com letra cursiva na pauta correspondente.

abelhas   camelos   flores

alunos   cantores   ilhas

amigos   chaves   peixes

aves   letras   pessoas

aviões   deputados   porcos

bois   estrelas   uvas

Gênero do substantivo
Substantivos biformes

> Há substantivos que são chamados de **biformes**, pois apresentam dois gêneros: **masculino** e **feminino**.
> Diante dos **substantivos masculinos** usamos os artigos **o**, **os**, **um** e **uns**; e diante dos **femininos** usamos **a**, **as**, **uma** e **umas**.

- Complete com o artigo adequado e faça uma 🔵 se o substantivo for masculino, ou uma 🟢 se for feminino.

Artigos o – a – os – as	Gênero		Artigos um – uma – uns – umas	Gênero
___ rei			___ rainha	
___ onça			___ tigre	
___ cadeira			___ abelhas	
___ limões			___ sapos	
___ botas			___ tia	

- Agora, escreva o que se pede.

a) Substantivos masculinos que sejam nomes de:

animais;   alimentos;   pessoas.

b) Substantivos femininos que sejam nomes de:

frutas;   utensílios de cozinha;   pessoas.

- Passe as palavras a seguir para o feminino.

chorão

sabichão

valentão

chinês

holandês

freguês

- Agora, passe as palavras a seguir para o masculino.

leoa

pavoa

leitoa

campeã

órfã

cirurgiã

- Escreva nas pautas as frases a seguir. Depois, escreva-as nas linhas passando para o feminino.

O chinês é meu antigo freguês.

Meu patrão tem um pavão.

Você é um cidadão valentão!

Este anão é um campeão!

Veja, um marquês japonês!

Substantivos uniformes

> Os **substantivos uniformes** são aqueles que apresentam uma única forma, que serve tanto para o masculino quanto para o feminino.
> Classificam-se em: **comuns de dois gêneros**, **epicenos** e **sobrecomuns**.
> Os **substantivos comuns de dois gêneros** indicam o gênero das palavras por meio do artigo.

- Sublinhe, nas frases a seguir, os substantivos comuns de dois gêneros. Depois, reescreva as frases mudando o gênero dos substantivos.

Esta jovem é uma pianista de sucesso.

A dentista vai atender dois pacientes.

Esta indígena é uma grande artista.

A jornalista já entrevistou a pianista.

A colega dela é a fã do cantor.

O gerente conversou com a cliente.

Alguns substantivos que nomeiam certas espécies de animais têm uma só forma e um só artigo para ambos os gêneros. Eles são chamados de **epicenos**.
Nesses casos, para distinguir o sexo acrescenta-se a palavra **macho** ou **fêmea**.

- Escreva o gênero feminino dos animais a seguir.

O tatu-macho.   O tatu-fêmea.

O canguru-macho.

O jacaré-macho.

A mosca-macho.

A borboleta-macho.

- Agora, escreva o gênero masculino dos animais a seguir.

A cobra-fêmea.

A girafa-fêmea.

O besouro-fêmea.

O escorpião-fêmea.

A rã-fêmea.

Há também os **substantivos sobrecomuns**, que apresentam uma só forma e um só artigo para ambos os gêneros. Nesses casos, a distinção entre feminino e masculino é feita pelo contexto. Veja:

- A testemunha é Pedro.
- A testemunha é Maria.

• Leia as frases e passe-as para o feminino nas pautas. Depois, reescreva-as nas linhas.

Seu filho é uma criança alegre.

Meu padrinho é uma criatura especial.

Meu irmão é uma pessoa muito inteligente.

Dizem que ele é um gênio.

- Escreva os substantivos nas pautas e classifique-os de acordo com a legenda a seguir.

① epiceno ② comum de dois ③ sobrecomum

o piolho-fêmea

a criança

o colega – a colega

a criatura

a baleia-macho

o animal

o lojista – a lojista

o agente – a agente

a girafa-macho

Treino ortográfico

Emprego de esa

> O sufixo **esa** é usado para formar substantivos femininos que indicam lugar de origem e título de nobreza.

- Leia os substantivos, encontre no diagrama o feminino deles e escreva-os nas pautas.

japonês

inglês

príncipe

camponês

barão

francês

Número do substantivo

> Os substantivos podem estar no **singular** ou no **plural**.
> O **substantivo singular** indica apenas um elemento. Já o **substantivo plural** indica mais de um elemento.

- Reescreva o trecho do poema a seguir passando as palavras destacadas para o plural. Depois, ilustre o texto reescrito.

A **bela libélula**
Dança sobre a **lagoa**,
Revoa,
Rodopia no ar.
Hummm...
Parece tão bom voar!

Denise Rochael. *Proibido para maiores*.
São Paulo: Formato Editorial, 2010. p. 16.

- Leia a quadrinha e reescreva-a nas pautas passando as palavras destacadas para o singular. Depois, escreva a quadrinha no singular nas linhas.

As estrelas nascem no céu,

Os peixes nascem no mar.

Eu nasci aqui neste mundo,

Somente para te amar!

Quadrinha.

Grau do substantivo

> O **grau** do substantivo indica o **tamanho**.
> O **diminutivo** designa algo em tamanho pequeno.
> Já o **aumentativo** designa algo em tamanho grande.

- Leia o poema e reescreva-o passando as palavras sublinhadas para o diminutivo.

Brincadeira

O <u>caldo</u> da manga escorre
pelo <u>braço</u> do Juvenal.
Seu sorriso <u>branco</u> brinca
que os fiapos <u>finos</u> da fruta
são o seu <u>fio</u> dental.

Neusa Sorrenti. *Poemas miudinhos*.
São Paulo: Caramelo, 2015. p. 24.

- Ligue corretamente cada palavra ao diminutivo e ao aumentativo.

grau diminutivo		grau aumentativo
murinho	burro	bocarra
gotícula	boca	florzona
boquinha	flor	muralha
cãozito	gota	burrão
rapazola	muro	gotona
florzinha	rapaz	canzarrão
burrico	cão	corpão
foguinho	pedra	fogaréu
corpinho	vara	pedregulho
vareta	corpo	varão
pedrisco	fogo	rapagão

- Faça o plural e o diminutivo plural das palavras abaixo seguindo os modelos.

cão — cães — cãezinhos

mão

flor

lençol

tambor

balão — balões — balõezinhos

papel

trem

nuvem

mar

mamãe

Adjetivos

> **Adjetivo** é a palavra variável que acompanha o substantivo atribuindo-lhe uma característica ou qualidade.

- Leia o texto a seguir e sublinhe os adjetivos. Depois, escreva-o nas pautas com capricho.

De olhos vermelhos,
De pelo branquinho,
Orelhas bem longas,
Eu sou um coelhinho.
Comi uma cenoura,
com casca e tudo,
tão grande era ela...
fiquei barrigudo!

Cantiga.

74

Locução adjetiva

A **locução adjetiva** é formada por duas ou mais palavras com valor de adjetivo.

- Complete a tabela com as locuções adjetivas. Observe o modelo.

Substantivo	Locução adjetiva	Adjetivo
música	do sertão	sertaneja
amor		paterno
amor		materno
amor		fraterno
loção		capilar
animal		terrestre
canção		popular
ave		noturna
azul		celeste
ração		canina
luz		solar
período		vespertino

Adjetivos pátrios

> O **adjetivo pátrio** indica a nacionalidade ou lugar de origem.

- Pesquise e escreva o adjetivo pátrio referente a cada estado brasileiro e ao Distrito Federal.

Acre _____

Alagoas _____

Amapá _____

Amazonas _____

Bahia _____

Ceará _____

Distrito Federal _____

Espírito Santo _____

Goiás _____

Maranhão _____

Mato Grosso _____

Mato Grosso do Sul _____

Nasci no Rio Grande do Sul. Eu sou gaúcho!

Minas Gerais

Pará

Paraíba

Paraná

Pernambuco

Piauí

Rio de Janeiro

Rio Grande do Norte

Rio Grande do Sul

Rondônia

Roraima

Santa Catarina

São Paulo

Sergipe

Tocantins

Treino ortográfico

Emprego de eza

> O sufixo **eza** é usado para formar substantivos originados de adjetivos.

- Encontre no diagrama os substantivos que correspondem aos adjetivos. Depois, escreva-os com letra cursiva na tabela, completando-a.

f	i	c	e	r	p	l
b	e	l	e	z	a	t
a	z	a	s	g	t	b
f	i	r	m	e	z	a
o	q	e	z	a	t	i
j	a	z	m	e	n	s
b	t	a	g	r	i	f
e	r	a	c	c	a	r
l	i	m	p	e	z	a
l	s	m	p	r	z	a
a	t	b	t	t	i	s
f	e	r	i	e	f	i
i	z	o	m	z	n	s
r	a	l	e	a	a	t

Adjetivos	Substantivos
certo	
claro	
belo	
firme	
triste	
limpo	

Grau do adjetivo

Grau comparativo

O **grau comparativo** é usado para comparar uma característica entre dois elementos ou duas características de um mesmo elemento. Ele pode ser comparativo de **igualdade**, de **inferioridade** ou de **superioridade**.

- **Comparativo de igualdade** — tão, quanto ou como.
- **Comparativo de inferioridade** — menos (do) que.
- **Comparativo de superioridade** — mais (do) que.

• Observe os patinhos e escreva uma frase usando o adjetivo **fofinho** ou **fofinha** no grau indicado.

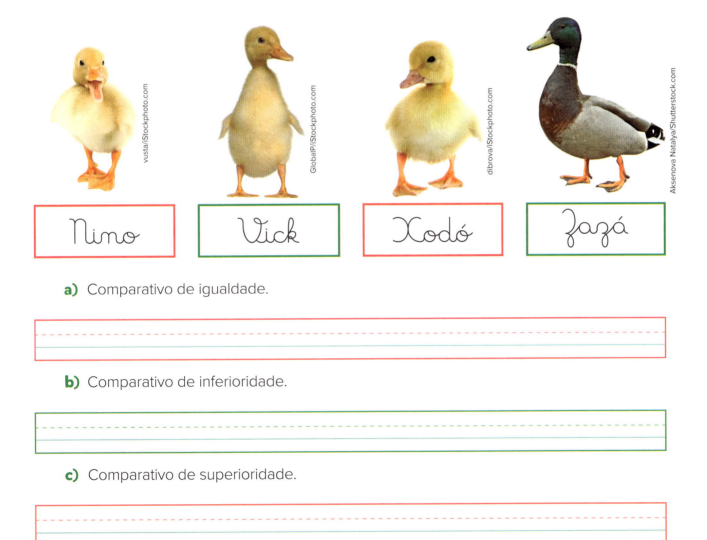

Nino   Vick   Xodó   Zazá

a) Comparativo de igualdade.

b) Comparativo de inferioridade.

c) Comparativo de superioridade.

Grau superlativo

> O **grau superlativo** do adjetivo indica a característica em sua maior intensidade, sem comparação.

- Leia o modelo e observe como se forma o grau superlativo. Depois, complete a segunda frase e escreva a terceira.

O urso é lindo.
O urso é muito lindo.
O urso é **lindíssimo**.

A flor é perfumada.
A flor é _____.
_____

Este pintinho é novo.
Este pintinho é _____.
_____

Este sorvete é gostoso.
Este sorvete é _____.
_____

- Leia o poema e escreva nas pautas o superlativo das palavras destacadas.

O sonho do bicho-da-seda
É ser um estilista **famoso**.
Ele anda **muito orgulhoso**
E garante,
Elegante e **discreto**,
Que é ecologicamente **correto**.

Denise Rochael. *Proibido para maiores*.
São Paulo: Formato Editorial, 2010. p. 6.

Fale e escreva corretamente:

adjetivos

bom → melhor
mau → pior
grande → maior
pequeno → menor

grau comparativo de superioridade

- Agora, faça como o modelo.

O que você acha melhor ou pior?

Um circo ou um parque?
Um circo é **melhor** que um parque.
Um parque é **pior** que um circo.
Uma maçã ou uma pera?

O que você acha menor ou maior?

O leão ou o cão?

O avião ou o ônibus?

Treino ortográfico

Emprego de **oso** e **osa**

> Os sufixos **oso** e **osa** são usados para formar adjetivos originados de substantivos.

- Observe o modelo e escreva nas pautas o adjetivo das outras palavras. Depois, reescreva-os nas linhas. Capriche na letra!

cheia de sabor — saborosa

cheia de carinho — _____

cheio de bondade — _____

cheia de mentira — _____

cheia de saudade — _____

cheio de vaidade — _____

cheio de orgulho — _____

cheia de amor — _____

Pronomes

> Os **pronomes** são palavras variáveis que substituem ou acompanham os substantivos. São usados para apresentar o substantivo e indicar as pessoas do discurso.

- Conheça alguns pronomes segundo a classificação que recebem e escreva-os nas pautas.

Pronomes pessoais retos

eu, tu, ele/ela, nós, vós, eles/elas

Pronomes pessoais oblíquos

me, mim, comigo, contigo, se, lhe

Pronomes de tratamento

Senhor, Excelentíssimo, Vossa Senhoria, você, Vossa Majestade

Pronomes possessivos

meu, teu, seu, nosso, vosso, seus

Pronomes demonstrativos

este, esta, isto, aquele, isso, essa

Pronomes relativos

quem, o qual, cujo, onde, que

Pronomes indefinidos

algo, alguém, outro, qualquer

Pronomes interrogativos

qual, quanto, quais, quantos

- Leia a quadrinha e escreva nas linhas a classificação dos pronomes destacados. Depois, escreva com capricho a quadrinha nas pautas.

Eu gosto da rosa branca
Que nasceu no **meu** jardim.
Gosto mais de **sua** mãe
Que criou **você** para **mim**.

Quadrinha.

Na 1ª linha: _____

Na 2ª linha: _____

Na 3ª linha: _____

Na 4ª linha: _____

- Escolha um dos pronomes pessoais para completar adequadamente cada frase. Depois, escreva-as com capricho nas pautas.

Tu • Ele/Ela • Nós • Vós • Eles/Elas

[ ] vamos viajar no sábado.

[ ] não viestes para a minha festa.

[ ] gostas de comer pizza quentinha?

[ ] adoram tocar violão.

[ ] foi ao cinema ontem.

Verbo

> Os **verbos** são palavras que indicam ações, estados ou fenômenos da natureza.
> Verbos como **ser**, **estar** e **ficar** indicam estado.
> Verbos como **pular**, **cantar** e **vender** indicam ação.
> Verbos como **nevar**, **chover** e **trovejar** indicam fenômenos da natureza.

- Sublinhe o verbo de cada frase e, depois, classifique-o escrevendo na linha se é: ação, fenômeno da natureza ou estado.

a) Ventava forte. _____

b) Lino namora Paty. _____

c) Os meninos cantam bem. _____

d) Tu és muito corajoso. _____

e) Relampejou muito. _____

f) Pedro ganhou um celular. _____

g) Mamãe está feliz. _____

h) Lara está com febre. _____

Tempo verbal

O tempo verbal situa o momento em que se passa o fato ou a ação em relação ao momento em que se fala.

- **Presente:** indica um fato ou uma ação que ocorre no momento.
- **Pretérito (passado):** indica um fato ou uma ação que já aconteceu.
- **Futuro:** indica um fato ou uma ação que ainda vai acontecer.

- Leia as frases e escreva-as nas pautas. Depois, indique nas linhas o tempo verbal de cada uma.

O camelo **bebe** muita água.

O camelo **bebeu** muita água.

O camelo **beberá** muita água.

- Observe as cenas, leia as frases e escreva nas linhas se os verbos estão no presente, no pretérito ou no futuro. Depois, copie as frases nas pautas.

Maria calçará as meias.

_____

Maria calça as meias.

_____

Maria calçou as meias.

_____

- Observe as cenas e, para cada tempo indicado, escreva uma frase utilizando o verbo **ligar**.

futuro

presente

pretérito

Conjugação verbal

Conjugação verbal é o conjunto de formas correspondentes às flexões do verbo. São três as conjugações:

- **1ª conjugação** – Verbos que terminem em -**ar**: estud**ar**, pul**ar** etc.
- **2ª conjugação** – Verbos que terminem em -**er** ou -**or**: beb**er**, comp**or** etc.
- **3ª conjugação** – Verbos que terminem em -**ir**: sorr**ir**, dorm**ir** etc.

Por exemplo: O menino **lê**. ⟶ o verbo **ler** pertence à segunda conjugação.

- Leia o texto e sublinhe os verbos. Depois, nas linhas, escreva os verbos e classifique-os quanto à conjugação.

Carolina Sartório

O relógio pirata

Cheguei em casa,
Já era tarde.
Perdi a janta
E meus irmãos
Tinham bebido toda a Fanta.
Na hora
Fiquei uma fera
E joguei o relógio fora.
Relógio que atrasa, não adianta!

José Santos. *Focinho de porco não é tomada*. Juiz de Fora: MEF, 2011. p. 17.

- Leia o poema a seguir e circule os verbos de acordo com a legenda.

1ª conjugação

2ª conjugação

3ª conjugação

Meu galinho

Faz três noites que eu não durmo, o-lá-lá!

Pois perdi o meu galinho, o-lá-lá!

Coitadinho, o-lá-lá!

Pobrezinho, o-lá-lá!

Eu perdi lá no jardim.

Ele é branco e amarelo, o-lá-lá!

Tem a crista vermelhinha, o-lá-lá!

Bate as asas, o-lá-lá!

Abre o bico, o-lá-lá!

Ele faz qui-ri-qui-qui!

Já rodei em Mato Grosso, o-lá-lá!

Amazonas e Pará, o-lá-lá!

Encontrei, o-lá-lá!

Meu galinho, o-lá-lá!

No sertão do Ceará.

Cantiga.

Treino ortográfico

Emprego dos sufixos **ando, endo, indo**

- Observe as cenas e complete o diagrama.

— O que cada um está fazendo?

Advérbio

> O **advérbio** é uma palavra que modifica o sentido do verbo, do adjetivo ou de outro advérbio.

- Leia e conheça alguns advérbios. Depois, escreva-os nas pautas.

Advérbios de lugar

aqui, ali, perto, longe, lá, abaixo

Advérbios de tempo

hoje, ontem, agora, depois, imediatamente

Advérbios de intensidade

muito, pouco, bastante, demais, menos

Advérbios de modo

bem, mal, depressa, melhor, devagar

Advérbios de afirmação

sim, certamente, realmente, perfeitamente

Advérbios de negação

não, nunca, jamais, tampouco, nem

Advérbios de dúvida

talvez, acaso, provavelmente

Advérbios interrogativos

quando, por que, onde, como, qual, quem

- Leia e escreva as frases nas pautas. Depois, indique o sentido que o advérbio em destaque acrescenta ao verbo.

Daniel nasceu **lá** em Manaus.

- [ ] modo
- [ ] lugar
- [ ] intensidade

Quem tem medo de escuro?

- [ ] afirmação
- [ ] tempo
- [ ] interrogativo

Quem **muito** fala, **muito** erra.

- [ ] intensidade
- [ ] modo
- [ ] negação

Não se esqueça de mim.

- [ ] intensidade
- [ ] negação
- [ ] tempo

Treino ortográfico

Emprego de al, el, il, ol, ul

- Encontre no diagrama as palavras a seguir. Elas podem estar na vertical, horizontal ou diagonal.

alface • polvo • mel • algodão
balde • almofada • papel • bolsa
pulseira • azul • talco • calça

Interjeição

> **Interjeição** é a palavra que exprime sentimentos, emoções, sensações, estados de espírito ou tenta agir sobre o interlocutor.

- Escreva nas pautas as interjeições. Depois, indique o que cada grupo de interjeições expressa.

Ah! Oh! Oba! Eh! Aleluia! Viva!

☐ alívio ☐ pena ☐ alegria

Obrigada! Grato!

☐ alívio ☐ agradecimento ☐ admiração

Avante! Coragem! Força! Vamos!

☐ animação ☐ alegria ☐ aplauso

Up! Ufa! Corre! Ah!

☐ animação ☐ aversão ☐ alívio

Cuidado! Atenção! Perigo!

☐ saudação ☐ advertência ☐ alegria

Puxa! Nossa! Vixe! Caramba! Oh!

☐ dor ☐ agradecimento ☐ admiração

Bravo! Bis! Apoiado! Boa!

☐ aplauso ☐ alegria ☐ animação

Psiu! Calado! Silêncio! Chiu! Pst!

☐ aversão ☐ pena ☐ silêncio

Ai! Ui! Ah! Oh!

☐ reprovação ☐ dor ☐ pena

Treino ortográfico

Emprego de ga, gue, gui, go, gu

- Escreva as palavras nas pautas substituindo o símbolo 😊 por **g** ou **gu**. Depois, separe as sílabas.

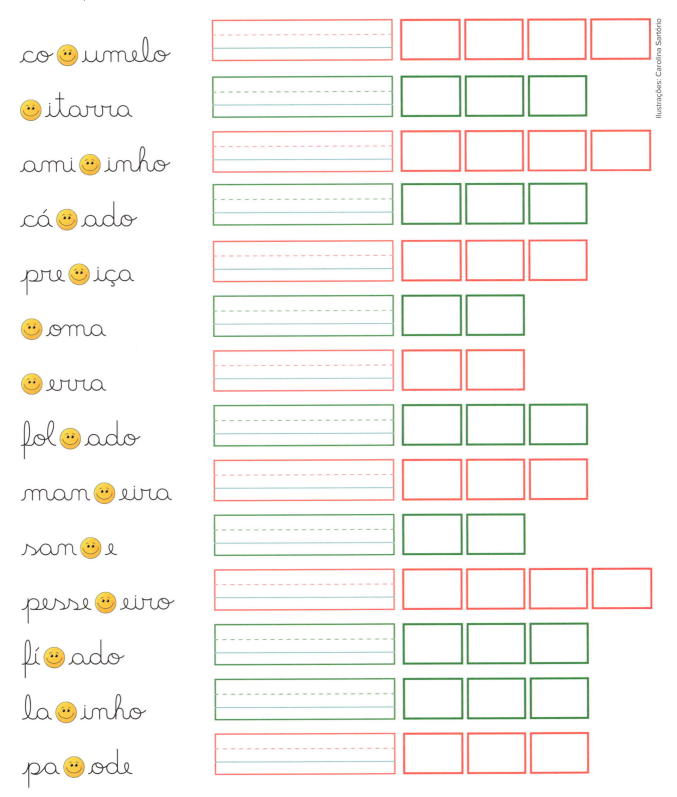

co😊umelo

😊itarra

ami😊inho

cá😊ado

pre😊iça

😊oma

😊erra

fol😊ado

man😊eira

san😊e

pesse😊eiro

fí😊ado

la😊inho

pa😊ode

Oração

A **oração** é um enunciado com sentido completo e que apresenta um verbo. Nela, geralmente, há dois termos especiais: o **sujeito** e o **predicado**.

Sujeito

Sujeito é o elemento sobre o qual o restante da oração diz algo.
Exemplo: **Marcelo** toca violão.

- Circule os sujeitos das frases e, depois, escreva-as nas pautas.

A criança brincou o dia inteiro.

Nós iremos à praia.

Eu e meus amigos fomos ao cinema.

Na feira, papai comprou frutas.

Nick é um belo cãozinho.

Já chegaram as visitas.

Predicado

Na oração, ao retirar as palavras que pertencem ao sujeito, o restante pertence ao **predicado**.

Exemplo: Marcelo **toca violão**.

- Acrescente um predicado para cada sujeito. Depois, reescreva as frases nas pautas.

Minha tia

Totó

Os meninos

Vera

Paulinho

- Circule o verbo de cada oração e separe-as em sujeito e predicado no quadro.

a) Norma nina o nenê de Neusa.

b) O sabiá sabia assobiar.

c) Isabela come arroz doce com canela.

d) O boi e a vaca amarela pularam a janela.

e) O macaco foi à feira para a vizinha verdureira.

	Sujeito	Predicado
a)		
b)		
c)		
d)		
e)		

- Observe as imagens, forme orações e escreva-as nas pautas. Depois, separe sujeito de predicado reescrevendo-os nas linhas correspondentes.

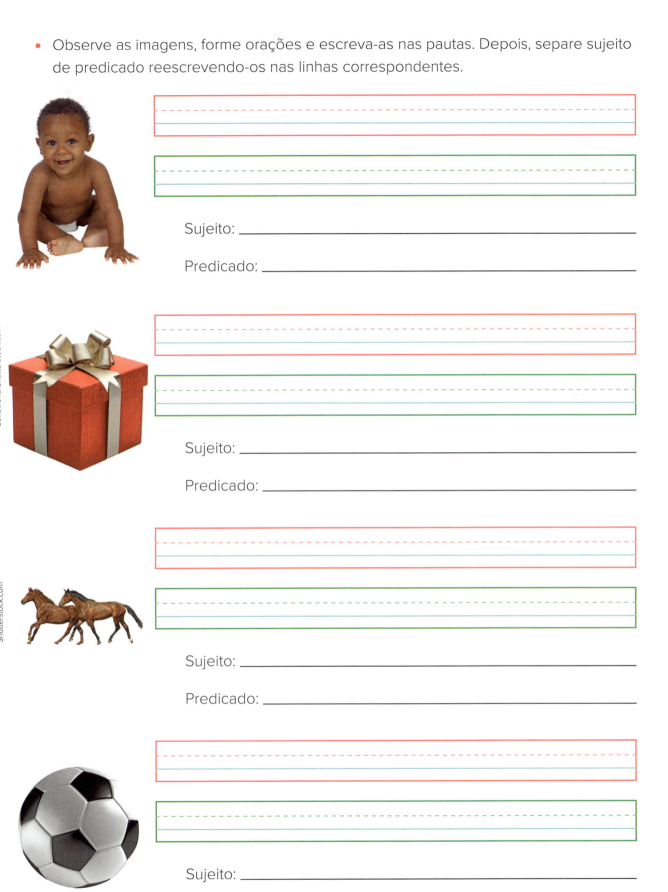

Sujeito: _____

Predicado: _____

Sujeito: _____

Predicado: _____

Sujeito: _____

Predicado: _____

Sujeito: _____

Predicado: _____

Para ler e escrever

- Leia as piadas a seguir e escreva-as nas pautas com letra legível. Depois, conte-as a um amigo.

Bebê chorão

O bebê, irmão do Joãozinho, não para

de chorar. O amigo do Joãozinho comenta:

— O seu irmão é chato, hein?

Que menino chorão!

— Pois eu acho que ele tá certo.

Queria ver o que você faria se não

soubesse falar, fosse banguela,

careca e não conseguisse ficar em pé!

Ângela Finzetto. *Meu primeiro livro de piadas*. Blumenau: Todolivro, 2004. p. 6. (Coleção Piadinhas, v. 6).

No sítio

Uma pesquisadora do IBGE vai a um sitiozinho no interior e pergunta:

— Essa terra dá mandioca?

— Não, senhora — responde o caipira.

— Dá batata?

— Também não, senhora!

— Dá feijão?

— Nunca deu!

— Arroz?

— De jeito nenhum!

— Milho?

— Nem brincando!

— Quer dizer que por aqui não adianta plantar nada?

— Ah! Se plantar é diferente...

Ângela Finzetto. *Meu primeiro livro de piadas*. Blumenau: Todolivro, 2004. p. 4. (Coleção Piadinhas, v. 4).

A prenda do Joãozinho

No Natal, Joãozinho recebeu uma bicicleta e foi logo experimentá-la:

Carolina Sartório

— Olha, mamãe! Sem uma mão!

Passados uns minutos:

— Olha, mamãe! Sem as duas mãos!

Quando voltou a passar pela mãe, exclamou:

— Olha, mamãe... sem dentes!

Piada (domínio público).

Treinando a Língua Inglesa

Expressões de cumprimento

- Leia as expressões de cumprimento a seguir e escreva-as nas pautas e nas linhas de acordo com cada cena.

Good evening! • Good afternoon! Good morning! • Good night!

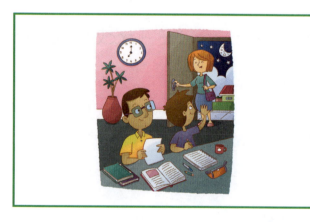

Ilustrações: Waldomiro Neto

Pessoas da família

- Pinte o nome em inglês que corresponde a cada parente. Depois, escreva-o na pauta.

Dependências da casa

- Observe as imagens e siga os tracejados emaranhados. Leia as frases e escreva-as nas pautas e linhas.

This is my bathroom.

This is my living room.

This is my house.

This is my kitchen.

Objetos

- Escreva nas pautas e nas linhas as palavras em **inglês**. Depois, ilustre-as.

prato	xícara	copo de vidro
plate	cup	glass

faca	colher	garfo
knife	spoon	fork

Animais

- Observe cada imagem e leia o nome em inglês dos animais. Na sequência, complete as palavras com as letras que faltam e escreva-as nas pautas.

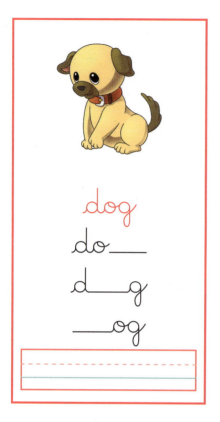

dog

do___
d___g
___og

chicken

chic_____
ch___en
_____ken

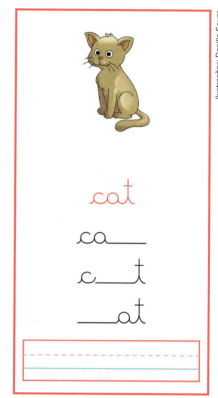

cat

ca___
c___t
___at

bird

b___rd
bi___
___rd

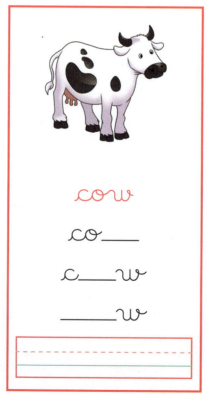

cow

co___
c___w
___w

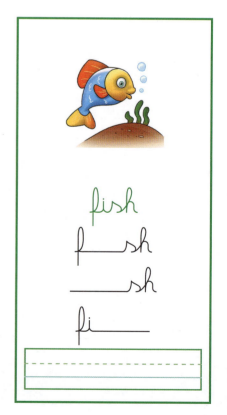

fish

f___sh
___sh
fi___

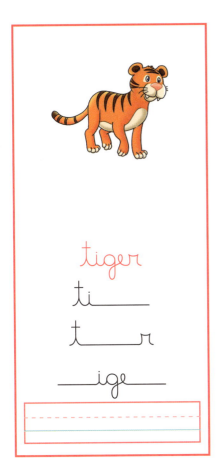
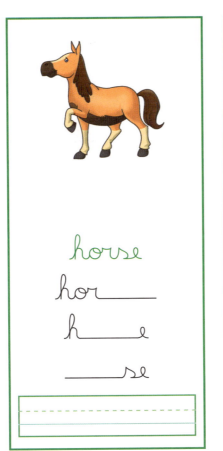

tiger
ti____
t__r
__ige__

horse
hor____
h__e
__se

elephant
ele____nt
eleph____
____phant

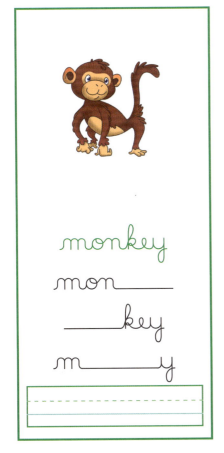

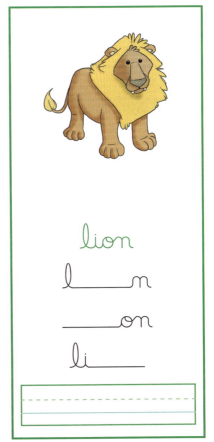

monkey
mon____
____key
m____y

bear
be____
b__r
__ea__

lion
l__n
__on
li____

Frutas

- Escreva com letra cursiva o nome em inglês de cada fruta. Depois, desenhe a face nos *emoticons* de acordo com sua resposta para cada pergunta.

Cores

- Observe cada ilustração e escreva na pauta a resposta à pergunta **What color is this?** (Que cor é essa?).

What color is this?

It's yellow.

It's blue.

It's red.

It's pink.

It's white.

It's orange.

It's black.

It's grey.

It's green.

It's brown.

- Observe as indicações e pinte as imagens. Depois, complete as frases escrevendo em inglês o nome da cor indicada. Por fim, escreva a frase completa na pauta.

🟡

The butterfly is _____.

🟢

The pear is _____.

🔴

The apple is _____.

🔵

The spoon is _____.

●  The fork is _____.

●  The pen is _____.

●  The brush is _____.

●  The book is _____.

Meios de transporte

- Cada símbolo abaixo representa uma letra diferente do alfabeto. Decifre os códigos e escreva corretamente em inglês o nome de cada meio de transporte.

Números

- Escreva os números por extenso em inglês nas pautas caligráficas e nas linhas.

1 one

2 two

3 three

4 four

5 five

6 six

7 seven

8 eight

9 nine

10 ten

11	eleven		_____
12	twelve		_____
13	thirteen		_____
14	fourteen		_____
15	fifteen		_____
16	sixteen		_____
17	seventeen		_____
18	eighteen		_____
19	nineteen		_____
20	twenty		_____

Certo ou errado?

- Observe as imagens e a quantidade de cada uma. Use a caneta para circular o sinal de certo ✓ ou de errado ✗. Depois, escreva nas pautas e linhas somente as que estão certas.

eight tigers

four lions

ten elephants

five cows

six monkeys

- Observe as imagens e sublinhe a alternativa que mostra a quantidade, a cor e o nome correto dos objetos. Depois, escreva nas linhas as frases sublinhadas.

Four orange oranges.
Five green oranges.

_____

Eight red apples.
Six red apples.

_____

Two green watermelon.
Five blue watermelon.

_____

Nine red chicken.
One black rabbit.

_____

Two orange plates.
Seven blue plates.

_____

What is this?

- Observe a imagem e responda à pergunta **What is this?** (O que é isso?). Veja o modelo.

What is this?
This is a bus.

What is this?

What is this?

What is this?

What is this?

- Continue respondendo à pergunta **What is this?**, mas desta vez escreva também a pergunta na pauta. Observe o modelo.

What is this?

This is a car.

126

Expressões e frases para o dia a dia

- Escreva as expressões e frases em inglês nas pautas.

Olá!

Hello!

Meu nome é Tom!

My name is Tom!

Qual é o seu nome?

What's your name?

Oi!

Hi!

Meu nome é Joana!

My name is Joana!

- Faça a correspondência e, depois, escreva as expressões em inglês nas pautas.

Olá!   Hi!

Oi!   Hello!

Com licença!   Please!

Desculpe!   Thanks!

Por favor!   Good bye!

Obrigado!   Excuse me!

Tchau!   Sorry!

- Responda em inglês.

What is your name?